푸른발부비새

푸른발부비새

김기연 시집

문학세계사

□ 시인의 말

와서
가는
생을 생각한다

생을 안고 가는
하루의
긴
시작詩作

2025년 가을
김기연

□ 차례

1부

포즈 _____ 12

100호 아네모네 _____ 13

미역귀 _____ 15

겸상 _____ 16

검은 누드 _____ 18

모호한 안전 _____ 20

푸른발부비새 _____ 22

둥근 배에 등을 대면 _____ 24

세한도 _____ 26

호주머니에서 커피명가가 나왔어요 _____ 28

바다 문지방에서 _____ 30

도마라는 나무가 있다 _____ 32

수레국화 _____ 34

온몸이 눈이다 _____ 35

물방울감옥 _____ 36

루시 _____ 37

불면不眠 _____ 38

2부

만개滿開 _____ 40
절차 _____ 41
푸른 유방 _____ 42
낙화 _____ 43
너에게 가는 길 _____ 45
우리 거서 보까 _____ 46
결별은 생각하지 않아요 _____ 48
노을이 낳은 어둠 _____ 50
잠깐 _____ 51
시월 _____ 52
섬 _____ 53
땅거죽 _____ 55
생강나무 가지에 새가 돌아오면 _____ 57
분홍설법 _____ 58
바다 밑 모래사막 _____ 59
물렁한 둑길 _____ 61
자궁 _____ 62

3부

거기에 있지 않은 사람 _____ 64

봄 봄 _____ 66

달뿌리풀 _____ 67

피차 _____ 68

11월 _____ 69

끼니 _____ 70

꽃잎에 눈이 쌓이면 _____ 71

연애 시절 _____ 72

어떤 인사 _____ 73

벌름거린다 _____ 74

날지 않기로 맘먹고 _____ 75

낯선 남자가 지켜보고 있다 _____ 77

조개의 입 _____ 79

신속 처리해 드립니다 _____ 80

외출이 생포되었다 _____ 82

봄과 도마뱀 _____ 84

장마 _____ 85

4부

하지 _____ 88
적설량 따지지 말고 _____ 89
목련꽃그릇 _____ 91
장마 구름이 잠깐 해를 올려놓을 때 _____ 92
민들레밥 _____ 93
슬하 _____ 95
노을증후군 _____ 97
봄가을 _____ 99
세월을 방석처럼 깔고 앉아 _____ 101
귀옥 _____ 103
밥과 무덤 _____ 105
질베르 호펠스 _____ 107
흙 마당 곱게 쓸어 나뭇가지로 그린 그림처럼 _____ 109
압축 _____ 111
흰눈물 _____ 113
슬과 픔이 출몰할 때 _____ 114

| 해설 | 신상조(문학평론가)
범람한 저 독백의 속살에 내 귀가 들어가 _____ 115

1부

포즈

그녀가 말갛게 웃고 있다
사진의 배경이 먼저 웃었겠다

시안갤러리 앞마당
설치된 해골骸骨
등 뒤에 두고, 찰칵
웃고 있다
웃음은 마치 습관성이랄까
의무랄까
예의처럼

작년 가을 나도 어머니 무덤 앞에서
오른손으로 턱을 괴고
포즈를 취한 적 있긴 있다

100호 아네모네

그녀가 좋아하는
아네모네
그녀의 함박웃음과 닮았다

수척한 기와집 아래채에
둥—스듬 늘어선 빨랫줄 가득
100호 아네모네 꽃무늬 팬티 단란하다
지나는 뭉게구름 키득 웃다가 간다
가다가 돌아본다

─애야, 이게 닫히질 않는구나

아네모네 꽃잎 위에
흰 천으로 덧대어 단 팬티 주머니
은색 지퍼가 오르내리길 멈췄다
꼬깃꼬깃 접어 꾹꾹 여민 것
잠금을 풀고 건넬 땐

따뜻한 체온이 배어 있던

'이젠 그만 버려요 엄마!'

말하려다 삼켰다
오후 볕 다 가도록 마주 앉아
고집 센 지퍼를 달래면서

미역귀

오도독오도독오도독
오독오독
귀를 씹는다
파다한 소문이
입안 가득 자란다

바다의 은밀쪽으로
미역의 귓바퀴는 굴렸는지

굴러온 말들은 대체로 비대하게 굴려지는 법

미끄덩미끄덩미끄덩
미끄더덩
동해의 싱싱한 소문이
컴컴한 목젖에 번진다

비릿하다

겸상

전주명가콩나물국밥집의 주문은 간단명료하다
―콩 하나!
뒷말 뭉텅 날려버리고도 피차 통하는
뜨거운 국밥

날달걀 타닥 깨서 넣고
반동강 난 껍데기에
날개 몽땅한 파리 한 마리 바짝 당겨 앉는다
왼손 손바람으로 허그적 날리는데
요것 봐라
금세 다시 날아와 한사코 겸상한다

나는 뚝배기에 고개 들이밀고
저는 달걀껍데기에 전심전력 파고들고

식후 돌아갈 처소야 다르겠지만
숨 멎고 쉬는 일이사 뭐

동족이지 않겠는가?

검은 누드

사월보성타운 108동 109동 사이
묵은 왕벚나무 아래
낯선,
거실이 차려졌다

한쪽이 기울어져 퍽 자유로워진
검은 가죽 소파
오글오글 앉아 있는
십일월 단풍잎
그가 앉힌 것 중 가장 가벼운 엉덩이겠다

잠깐 잠깐씩 지나가는 눈길
아랑곳없이

맨몸으로 버티고 있는
저 이별의 목록
후둑 후두둑

입동의 비에 잠기고 있다

모호한 안전

모과나무 초록 잎 사이사이 연분홍 꽃잎 점.점.점 번지고요

아파트 고층 굴뚝 철제 계단에
두리뭉실 새로 생긴 새집 속으로
까딱까딱 꼬리를 흔들며
까치 한 쌍 들어가네요

위태한 까치네 그 풍경 위로
남천을 지나는 해 길게 누웠다가 일어서는데 도무지 미동하지 않네요
저녁 끼니는 뭐 어쩌는지 모르죠

일용할 양식은 늘
안전한 자들의 불안한 몫이던가요

신은 검은 보자기를 펼쳐 여기와 저기 공평하게 덮고

있고요

푸른발부비새

   저 구애는 죽을 때까지란 말 주춤주춤 춤으로 쓰는 중이랍니다

   밝은 푸른색 물갈퀴 발에서 춤이 나와요
   어깨를 들썩이며,
   들썩이며, 느린 고갯짓으로 다짐을 하죠

   ─너에게 나를 보내려 해

   태평양 연안 바닷바람은 찰진 박수를 쉼 없이 보내고요
   너풀너풀 날개를 편다는 건
   맘도 펴고 몸도 편다는 것
   서로의 뒤태를 따라 둥글게 돌아요
   한 우주를 함께 돌아보는 걸 거예요

   ─내가 너를 용납할게

자갈밭을 뒤지고 뒤져 지푸라기 한 올 입에 물고 마주 섭니다
　정중한 예물이에요

　저 한 쌍
　비로소 고고의 관습대로 자유로운 구속에 드네요
　죽음이란 별고로 별거할 때까지

둥근 배에 등을 대면

삼월, 다시 필 것들
폭포처럼 쏟아지는 햇살 삭히느라
오가는 눈길에 아랑곳없고

무료한 산비둘기 극구극구극구 구절을 외면
부석浮石 아랫돌 사이 마른 잎 바스르르
무량수전 패인 뒤뜰에 쌓이는데

묵은 세월의 그 경력인지
세로줄로 턱턱 갈라진 둥그런 배흘림기둥에
등을 얹으면
눈 감으면
뜨면
아, 수만 년 소백산은 고향 앞마을로 누웠네
눈 감아야 보이는
아릿한 것들

가고 없는 그들의 고향이 어쩜 여기 있는 나이겠네

세한도

둥그런 바람의 통로 낸
흙담집 한 채
가닿을 수 없는 거기 있는 그대
희끗한 머리 빗기다가 당도할 그 바람
벽은 컴컴한 자궁이다

겨울은 쉽사리 아물지 않고
언 마음 멍울멍울
검은 가지에 걸려 낡은 껍질을 흘리고

갈 수 없는 나
오지 않는 그대여

장무상망長毋相忘

솔가지 아래로
기울어진 해

여백을 벌려 붉게,
붉게 낙관하네

호주머니에서 커피명가가 나왔어요

기온이 영하로 자리 잡고
군불 장작을 패듯 옷장을 뒤졌어요
10개월 만에 다시 대면한 코트는
정색을 한 채 차렷 자세예요
어쩜 이렇게 무뚝뚝은 여전할 수가 있나요
흡흡 냄새를 맡아보고
툭툭 두드려도 보고
왼쪽 호주머니에 오른손을 쑥 넣었더니
손가락을 물었어요
고요, 기다림, 어둠을 싼
사각 베이지색 커피명가 냅킨이
죄수처럼 끌려 나오네요
꼬깃꼬깃 모서리가 접힌 채
앙다문 추억은 좀처럼 입을 열지 않았어요
거기가 어딘지
누구랑 어떤 이야기를 나누며 무슨 차를 마셨는지
말았는지 립서비스를

탁구공처럼 주거니 받거니 했는지
어쩌다가 주머니에 들어앉아
부화하지 못한 새알처럼 적막을 섬겼는지

그새 가을여름봄은 덩굴식물로 어우러져
뭉텅 지나갔고요
나는 마음도 몸도 더 자라지는 않았죠

다만 그늘이 조금 깊어졌을 뿐

바다 문지방에서

봄날 오후 깜박 쉬어가는
나비의 잠이라 하자
이 하룻밤

바다의 치맛단 들어 올려 지은 앞마당
절절한 생각 하나씩 품고 있는
곰솔 숲은
바다의 담장이다
바람의 출처다

어둠이 숨겨놓은 망막한 망양 밤바다
207마일 펜션의 외등 빛에
졸다가 깨다가
돌아눕다가 다시 바라보는데

주섬주섬 어둠 들쳐 안고
휘적휘적 돌아가는

지상의 물고기여
어두운 해여

도마라는 나무가 있다

완주 구이에 다녀왔다는 페이스북 친구가
도마 사진을 공개했다
모악산 아래 대중 음식점 은행나무 도마라고

일 년 넘게
도마로 살아온 은행나무
아래위 뭉텅 잘린 옆구리에
초록 잎 내밀었다
다북하다
하루에 수십 번 수백 번 칼 맞으며
개숫물에 몸을 풀어 초록 깃발 내걸었다

잘려가는 것들 등에 업고 기꺼이
새긴 칼자국
자국
새로 돋은 잎은 알지 못하고

내 어머니께도 저 칼자국 같은 주름 수없이 있었지

수레국화

한여름을 달립니다
오후예요
왼발 오른발 열다섯 송이 하나로 묶인 채
허공을 달리는 파란 수레바퀴

한때
고단한 두 송이 저처럼 묶이고팠던가요
산지사방 파란 수레바퀴가 되어 달렸던가요

종일 흔들려도 그 자리
한 계절 저물어도 그 자리

꽃을 실은 저 수레 낯빛 시들고
베를린을 돌아온 바람이
희멀건 씨앗 쓱 쓸고 갑니다

온몸이 눈이다

온몸이 눈인
보름달
흐드러지게 말 뿌리는 한밤중
난독의 나를 위해 풀벌레가 자발적으로 통역한다
구구절절 구구절절

천리만리 거뜬한 저 눈빛
몰라
그대도 지금 그의 슬하에 잠겼는지

물방울감옥

오래 참은 눈물처럼 와락
비가 터졌다
낱낱이 펼쳐진 연잎
연잎 위에 실린 그렁그렁한 물집
그 속에

어!
마침표만 한 붉은 벌레 한 마리
물방울에 갇혀 무한 반복 맴돌고 있다
미세한 팔다리 아우성이다

느닷없는 저 둥근 감옥
투명하다
빛난다

눅눅해진 마음에 들어와 하염없이 맴돌고 있는
한 기억처럼

루시
―난민

엄마는 없고
엄마 품은 없고
종일토록 그립고

꺼칠한 시멘트 바닥에 몽땅 분필로
큼지막이 엄마 그리네
기억의 미소까지 그리네

터진 신발 벗어두고
그림 엄마의 품에 드네

땅은 엄마라 했던가
쪼그려 귀 대고 있는
단발머리 루시

눈 감고 가만 그 심장 소리 떠올리고 있네

불면不眠

불면 꺼질 듯 위태로운
어둠

끝내
방의 모서리가 읽히기 시작한다

나여, 제발 잠잠잠 잠들자

눈 감고 머리가 감길 때를 기다리는
불화 사이
꾸르릉꾸르릉 길들이 깨어난다

어쩌나
훗날 영면永眠이 이토록 힘들다면

önlı
2부

만개滿開

빈 소파에 앉았다

딸 동미가 곁에 와 앉는다

동미 딸 채윤 따박따박 둘 사이에 들앉는다

쌀알만 한 아랫니 두 개 뾰조족 내밀며 웃는다

문득,

삼라만상이 만개하네

절차

ㄱ자 모양을 지닌 폐가 한 채
엉거주춤
삶의 흔적 지워가는 중이다

짐승의 꺼어먼 아가리 같은 외양간에
길 놓친 바람이 늘어 쌔아앙 쌔아앙
오래 기울어진 흙벽을 할퀴면
속절없이 내려앉아
비로소 누워
무른 땅이 되는 것이리

풀의 영토가 될 저
흙의 절차를
삼월 속옷 같은 햇살이 꼼꼼히 밟고 있다

푸른 유방

뒷산 꽃받등에 계시는 아버지 어머니
새삼 단란하시다
육 남매 키울 적에 하루가 멀다하고 다투시더니
싸울 일 없는 그곳의 화평처럼 봄볕에
봉긋봉긋 자라셨다

산 복사꽃 향 따사로이 건너와
우리들의 미간에 낀 주름살을 밀며 붉게 웃고
팍팍한 허기에 단물 드는 한나절

싱―싱 솔바람 소리에 밀려 내려오다가
휙 돌아본 거기
아버지 왼쪽 어머니 오른쪽

천지간 유정한 저 푸른 유방!

낙화

꽃
나비
  꽃
  나비
    꽃
    나비
꽃
나비
  꽃
  나비
    꽃
    나비
꽃
나비
  꽃
  나비
    꽃

　　　　　나비
꽃
나비

왕벚나무 연분홍 봉분 열고 그리움 방출하네

그곳에 막 가닿을 듯이

너에게 가는 길

비, 나이다

흘러서 흐르다가 너의 맘에 고였다가
출렁출렁 하늘땅 땅하늘 두 바퀴쯤 떠돌다가
빈집 추녀에 흐르는

장맛비

저 먼 길은

우리 거서 보까

삼월에 두 번 눈이 다녀갔는데요
어제까지 팔공산 음지가 희끗희끗했는데요
이룽이룽 이륜차 시동 걸듯 꽃들이요
세상천지 그 꽃들이요
삼월 끝자락 물고 늘어지는데요

범어로터리 지나서 수성구청 지나자마자
신호등에 딱, 걸렸는데요
힐끔 쳐다본 흰 간판에요
펜흘림체로요

[우리 거서 보까]

그랬음 좋겠고요
'거서'가 통하는 사이
'보까' 하면
방그르르 벙글 줄 아는 사이

어디 보자 전화라도 한 번

결별은 생각하지 않아요

예순, 나이테를 지녔고요
라지와 스몰 사이즈가 공존해요
거동은 대체로 수월합니다
시 딱따구리가 들어와
제 영역 표시를 한 지 서른 해예요 세상에나,
그 불안의 동거라니요
내 나무에서 생활하기 알맞게
곧고 날카로운 부리와
날개축이 단단한 꽁지깃을 가지고 있는데요
다리는 짧지만 힘이 세고 발톱이 날카로워요
군데군데 할퀸 상처로 흉터꽃 남기지만
결별은 생각지 않아요

이왕지사 동거이니 서로에게 번지고 번지는지요
왼손바닥 짙게 새겨진
'시'
시시때때로 땀에 절곤 해요

성질머리 까칠하던 겨울바람 잦아드네요
머잖아 저기쯤에서 그가 오시려나
우듬지 쭈뼛이 일어서고요

노을이 낳은 어둠

앉지도 못하고 서성대는
가을바람
에 흔들리는 추녀 끝
거미줄
에 걸리는 끝물
노을
이 낳은
어둠
은 그대 빈 내 마음에 만수위로 고였다가

후둑 후두둑,
속절없이 내린 낙엽이 쓸고 다니는
저 적멸

잠깐

꽃이 꽃인 시절
비가 비인 몸
늙음보다 더 잠깐인 아가

뿌리와 구름과 자궁의 잠깐

너가 왔다가 가고
웃다가 울고
그립다가 미운
잠깐

사랑은 이별의 둥근 떡잎이다

다만 지금은 잠깐 밤이 와서 캄캄해진 것뿐

시월

동대구역 KTX 승강장에서 오른손 높이 흔들어
동선 보낸다

비둘기 경중경중 철로를 건너갔다
되돌아와서

너랑 앉았던 나무 의자에
오종종 앉았다

비스듬 길어진 역사의 그늘이 나의
발등을 덮는데

기차가 떠나가도

기다림은 이별을 모르고

섬

하루가 오롯이 빗속에 잠겨 처얼썩
철썩 어둠에 들 것 같고
올 이도 갈 이도 없는데
올 일도 갈 일도 없는데

자수 장 곁에 가 선다

빗물 위에 빗물이 덧내려
츠람츠람 쌓이고
뚜렷하던 것들 뭉개지며
희뿌옇게 번지는
적요

비가 제법 섬세해졌다
이슷이슷 이슬비로
젖어서 흔들리는 것들
쓰다듬으며 재우고

나 도島
요지부동이다 그만

땅거죽

꽁꽁 언 땅거죽 한차례 풀리면
냉이 흰 뿌리에
젖줄이 돌아
묵은 잎에 생살 한두 잎 서둘러 덧대고
두해살이 든 냉이는
헐거운 두레 밥상에 불어넣는 생기였어요

오붓이 둘러앉은 여섯 남매의
풀덤불 같던 허기
뜨물에 된장 풀어 끓인 냉잇국
모락모락 한기 덥히며
별난 겨울 양식이 되어
한 뼘씩 늘어나는 해같이 자랐던가요

눈도 비도 없이 가문
이월 꽁무니에
아무도 거들떠보지 않는 냉이꽃 소소히 밝히네요

좁쌀만 한 꽃 위에 꽃 옆에 꽃

그 곁에서 꽃처럼요 나도

생강나무 가지에 새가 돌아오면

검은 나뭇가지
후드득 내려앉고
새는 허공 깊숙이 사라졌다

그동안 눈은 난무한 사연 안고
새가 앉았던 자리를 서너 차례 다녀갔다

감쪽같이 죽음을 건넌 생강나무
나뭇가지마다
노오란 꽃자궁 빼곡히 틔우는 밤,

부르튼 가지 흔들며
직박구리 돌아오듯
뚜벅뚜벅

거기 누구요?

분홍설법

의령군 충익사 앞마당에
연분홍진분홍연분홍진분홍연분홍
모과나무 한 채

오백 번째 새로 맞는 봄날
새초롬한 하늘 한복판에
전심전력 게워 낸 초경의 꽃 비린내 왁자하다

피울 꽃 없는 나는 시무룩 시치미를 떼고 있는데

하느적하느적
온몸으로 전하는 모과꽃 분홍설법
어둑한 맘에 툭툭 점등하고 있네

바다 밑 모래사막

모래사막에 봄이 왔다

서서히 모래 몸이 열리고
속살 튼실하게 키워 산란을 준비하는
검은 키조개,

잡으러 해녀들이 출몰하여 모래를 파헤쳤다

발 없는 키조개 달아나지 않았으리라
전심전력
일렁이는 바다 등으로 밀어 올린 알
차라리 눈 딱 감고 외면하기로 했는지

차오른 속살 때를 맞추어
식탐 꾼이 몰려드는 득량만
봄은,

물오른 조개의 계절이다

물렁한 둑길

새로 생긴 달팽이

모내기 끝물 물렁한 둑길을 따라서
저 아다지오
속절없이 온다

관 한 채
덩그런히 짊어지고
저 아다지오
속절없이 간다

유월 노을은 불그락 천지사방 번지는데

자궁

뒷베란다 신라면 컴컴한 박스 속
치약처럼 짜낸 하얀 감자 줄기들
호시탐탐 노리는 한파에
수시로 위독했을

쭈글쭈글해진
비스듬히 내려앉은
저 적멸보궁의
자궁

3부

거기에 있지 않은 사람

벽련항에는 삼백 년째 노도를 건너다보고 서 있는
느릅나무가 있다
그 아래 서서 그 눈길만큼 아득히 바라보는
섬,
에 가려 통통배를 탔다

비에 젖은 수평선은 이미 뭉개진 채였다
자욱한 안개에 갇힌 구운몽의 산실
둥근 문고리를 당겼다
있지 않은 사람의 향이 두어 평 방을 채우고 있었다
안녕하세요 선생님 했다
어서 오시라 했다

초옥의 추녀에 빗물은 멎지 않고
마지막 배를 놓치고
놓쳐버리고
아름드리 후박나무 꽃잠 속에 들어

자발적 유배를 꿈꾸는 것이었다

봄 봄

산길 내려오다가 보았다 호젓한
무덤 한 채

누가 다녀갔을까
빈 소주병 하나에 종이컵 하나
저만치 나앉았다

허공 길 건너 내린 연분홍 산벚
띄엄띄엄 진설하고
그는 깊숙이 엎드렸으리

지나간 울음을 본다
봄날은 개의치 않고 길어지는데

달뿌리풀

냅다 달립니다
자갈밭 건넙니다
뿌리 내릴 생각해 본 적도 없습니다

텅텅 줄기 속 비워야 걸음이 빠릅니다

달밤이면 어떻고 빗속이면 어떻습니까
한 땀 한 땀 마디마다
피멍 들지만

꿈적 않는 당신에게 당도할 수만 있다면

피차

어제는 입동 오늘은 비
탱자나무 가시 같은 한물 지난 천둥번개를 동반하였다
살살이 물든 것들
낱낱이 이별의 희락에 드네

나도 슬금 그의 식솔인 듯 끼어들어
고산 둘레를 샛강과 함께 흐르네

철커덩철커덩 화물 열차가 지나고
늙은 은행나무 왈칵 겹겹의 가을을 뱉는
찰나의 몰락을 목격하네

계절의 고의에 매립된
밀주 같은 헤윰에 들어

피차 적막하고

11월

금호강 가는 샛강 둑길 문득, 환하다

급격하게 물든 은행나무
입체적 몸집 흔들릴 때마다
쓰싸르르 쓰싸르르
곡哭한다
오늘내일 심한 구조조정에 들 칼바람 뒤에
널름대는 겨울의 헛바닥은
막 들어낸 저 쇄골 언저리에 닿겠다

부른 듯한 달빛에
닫은 창 열면 움찔대는 당단풍나무 아직,
가을 한 광주리 매달고 있다

무슨 미련처럼

끼니

대한과 입춘 사이
고층 아파트 그늘에 잠겨 있는 나목들

오후 두 시 언저리
잠시 든 햇볕밥 먹고 있다
건들바람에 흔들리며 채우는 허기

반짝반짝 검은 맨살에 감기는
저 질긴
생의 입맛

꽃잎에 눈이 쌓이면

갔다가 다시 오는 걸음처럼
삼월의 눈은 눈에 얹힙니다

그만이라 다짐하며 그대 돌아설 때 결코
되돌아올 길 아니라 생각했던가요

소곤소곤 흔들리는 산수유꽃 노란 입 막으며
한나절 또 한나절인데요

부재중으로 찍힌 걸음
다시 온 그 맘
모른 척하려고요

연애 시절

삼월 난간에
화들짝 놀란 듯 벚꽃 피었다
웃자란 꽃살 속으로 닝닝닝 드나드는 벌떼

무분별한 저 연애

냉기 품은 바람이 들쑤셔 보지만
이미 글렀단 걸 안다
살아 있는 모두는 누군가의 열매
저 꽃시절 나이테처럼 쟁여두고 산다
그 힘으로 산다

어떤 인사

19층 인천 할머니
눈이 산머루 알 같은 강아지 까비랑 산다
어쩌다 엘리베이터 안에서 마주치면
할머니 까비에게 인사하라 종용하신다
난감해진 내가 먼저
—안녕? 한다
—안녕하세요?
서슴없이 할머니가 대신한다
안녕? 과 안녕하세요? 사이
어정쩡한 침묵을 건드리며
아무렇지도 않은 듯 까비는
막 열리는 문 사이로 바삐 내달리고
나도 쭈뼛쭈뼛 짐승 뒤를 따르고

벌름거린다

조릿대밭 노고지리 둥지 안에
솜털 뽀송송한 새끼 다섯 마리
벌름벌름벌름

저 입,
온몸이다
힘껏 밀어 올린
새싹이다

가슴 둥지에 부화하여 해종일
밤 내내 벌름대던
사랑이다

날지 않기로 맘먹고

봄이면 산불이 잦았다

조무래기들은 길쭉한 막대기 하나씩 들고
시커멓게 타버린 풀숲이며 덩굴을 뒤적였다
후끈 달아오른 발바닥
경중경중 새끼 노루저럼 온 산을 헤맸다

—어이! 꿩이다

불이 건너가고 검은 밑둥치만 남은 억새 더미에
꼿꼿하게 앉아 있는 어미 꿩
날개 속에
올망졸망 알이 들었다
날 수 있는 꿩
날지 않기로 맘먹으며
꿔어엉— 꿔어엉— 꿔어엉—
습관적으로 울던 울음조차

울지 않아

꿩도 알도 먹을 수 없던 그런 날이었다

낯선 남자가 지켜보고 있다

소화제 사러 약국에 가려는데
저만치서 낯선 남자가 지켜보고 있다
격을 갖춘 복장이며 준수한 외모로 읽히는 바이다

속청 한 모금으로 훼스탈을 삼키자
가슴 중앙을 가로막은 묵은 무엇이 꿈틀했다
약국 문을 나설 때였다
그 남자가
성.큼.성.큼
다가왔다
오는 이를 외면하고 돌아서는 건
동방예의지국의 예의가 아니라 생각했으므로
외투 주머니에 약봉지 든 손을 찔러넣으며
걸음을 줄였다

─저, 신문 보세요 사모니임 현금 오마넌 드려요 네?

그럼 그렇지!

조개의 입

구공탄 불판 위에서 생의 최초이자 최후로
단 한 번 쩍 편
조개의 입

다신 다물지 않는다

사랑은사랑은사랑은

범람한 저 독백의 속살에 내 귀가 들어가
비장한 비가를 훔쳐 듣는다

사랑이사랑이사랑이

신속 처리해 드립니다

땅!
공장 상가 촌집
신속 처리해 드립니다

야산 아래 까꾸리손국수집 옆
묵은 전봇대에 펄럭이는 방 붙었다
볼 사람 다 보라고 걸어둔 소식이다
바람이란 바람 모조리 맞으면서
어지간히 견뎠나보다 숭숭
뚫어진 구멍으로 들락대는 구름

팔 땅과 살 땅
팔 맘과 살 맘
신속히 교접시켜 준다는 저 말

그 말에 언뜻 걸려들었다 시무룩
빠져나오는 코끝 시린

겨울 오후

외출이 생포되었다

봄,
시간을 따르는 것들 제각각의 장단으로
피거나 돋거나 떠나는 중이었으므로
맘이 쑤신 얼룩말 세로는
동물원 높은 울타리를 전심전력 넘기로 했는지
탈출에 성공하였다
관람을 거부할 맘이 그를 데리고 갔으리라
두려운 자유였다
아프리카 초원을 누비던 그 추억은 없지만
죽은 부모로부터 물려받은
기질은 건재하였으므로
시멘트 밀림 화려한 도심을 활보하였다
떼로 쏘다니는 자동차의 경적
처음 듣는 소리였다
오! 안녕?
어떻게든, 이 외출은 슬픔을 벗으려는 것
비스듬한 골목길에 잎 없는 전신주

띄엄띄엄 지나고
빨간 간판 중국집 지나고 저 언덕을
지날 수만 있다면
화려한 적막에 젖어 있는 세로
자주 방향을 놓치고 헛발질을 하였다
땅! 땅! 땅!
3시간 그의 외출이 생포되었다

 깊은 눈엔 길들어진 햇살이 닿아 빤히 들여다보고 있었다

봄과 도마뱀

낱낱 연분홍 벚꽃잎 연속 무늬로 흔들리며
제 그림자 덮는 오후

스르르르 풋것들 위로
배 밀며 가는 도마뱀,

송곳니에 물린 봄
퍼렇게 질린 꼬리 쓱싹
잘라보긴 하는데
폭포처럼 쏟아지는 볕 안하무인이다

그대 없고
물컹물컹 뒤척이는 생각
달래보긴 할 테지만 아무래도
아무래도 이 봄은

장마

직립의 칠월이 젖고 있다

소리를 갓 틔운 매미들
일동 벙어리가 되어 비에 갇히고
지붕 없는 새집을 휘어진
나뭇가지가 보살피고 있다
새소리는 좀처럼 돌아오지 않고
습기를 걸머쥔 채
어둠이 몰려왔다

비에 잠긴 길
비에 잠긴 하늘
비에 잠긴 이름
비애悲哀다

희멀건 빛이 든다
길보다 먼저 하늘보다 먼저 이름보다 먼저

일순 솟구치는 저
울음 떼
울음을 다독이고 있다

4부

하지

볼록한 고산 옆에 구천지 아래
봄풀 갈아엎어 차려놓은
무논,

온몸
밀며가는
논고동
다시는 돌아오지 않을 그 길
찰름찰름 저문다
다홍빛 일곱 시다

너는 오지 않고
음성만 건너와서 지친 하루를 묶고 있는 붉은
하지

적설량 따지지 말고

거동이 편찮은 달북 시인 만나러
그의 집 근처 빈엔루트에 갔다
십이월 오후 볕이
창을 밀치지 않은 채 들어와 절반을 차지하였고
선배도 후배도 쨍쨍 반가운 것인데
찻산을 들며 "달북"이라 하사
동작이 굼뜬 두셋 "소리"라 거들었다

'달북소리'는 두리뭉실 그렇게 결성되고
마주 보며 웃는 몇 시간이
추억이 되리란 걸 그땐 몰랐다

눈 오면 다시 보자 했다
적설량 따지지 말고
막역지간 그 허공에 티밥 같은 한두 잎
눈에 띄기만 하면 이유 불문으로

좁은 골목 비스듬히 함께 올랐다
셋씩 두 줄로 서서
문
인
수
문패 그 앞까지였다
그의 지팡이가 앞장섰던

목련꽃그릇

막 받아낸 목련꽃 그릇

종일토록 가랑비 퍼담고 있다

꼭꼭 눌러 담아도 넘치지 않는

눈물

내 가슴의 음지

흥건히 젖고 있다

삼월 하순에

장마 구름이 잠깐 해를 올려놓을 때

컴컴한 장마 구름이 품고 있던 해를
잠깐
허공에 올려놓았다

젖은 것들 서둘러 반짝이고
오래 앓던 맘
매미 소리가 볶고 무치고 꼬드겨 북새통인데

잔디밭으로 늙은 지렁이 구불텅 기어가고
고양이가 고개 갸웃대며 지켜보고

민들레밥

시월 하순
두 벌 살이 민들레 흰 밥상머리에
좌로 우로 갸웃갸웃 다가앉는
뱁새 한 쌍

요지부동 멈춰선 나는
거들떠보지도 않고
달그락달그락
민들레 두어 그릇에 전심전력이다

포롱 포로롱
떠난 그 자리
홀씨 잃은 흰 밥그릇
동그스름 뒤집어지고
땅에 붙은 저 늦둥이
필까말까

가을 속 위태로운 사랑

슬하

경북 의성군 안평면 신월리 700
적막의 슬하에 들었다

앞산 참나무숲에서 떠올라
뒷산 소나무숲으로 지는 달은
오가는 길 눅지 않아 여태
신월인데

발길 뜸한 이가 우체부만은 아니다

도란도란 자란 강아지풀 꼬리에
잠자리 날갯잠 들고
축대가 흘러내린 뒤란
발잔등 야윈 고욤나무 가지마다
오목눈이 새 떼의 흰 똥이 핀다

사슴이 사슴을 부르며 우는 녹명처럼

700번지 흙담 너머
―영아 밥 무그러 온나!
건너실 대숲까지 닿던 그 소리는 간데없고

지나간 태풍에 조금 더 여윈 지붕은
그만큼 넓어진 허공을 안고 있다

노을증후군

오후 네 시의 빛이 그녀를 부추깁니다

검은 버짐 덕지덕지한 감나무가 주인인 집
한쪽 축 비스듬히 내려앉은
그 빈집에서 목 놓아
기다리는 식구들 있다 우깁니다

이미 돌아가신 할머니랑
촌수를 가늠할 길 없는 젖먹이 아이까지
대문 앞에 나와서
그녀 오기만을 학수고대한다고요
오후 네 시의 저 빛이 감아둔 영상은
그녀의 뇌리에서
무한 반복입니다

돌아가야만 한다는 그녀를 만류하는 일은
애인을 떼어놓는 일만 같아서

울컥 노을빛에 잠기는데요

―야야, 오늘은 인제 못 갈제?

새어둠이 그녀의 생각을 다독이는 사이
적막이 눈시울을 덮는 것입니다

봄가을

―하이고야, 월촌 산비알에는 산나물 한창이긋다

십일월 볕 잠시 다녀가는
아파트 베란다에 앉아
아흔 어머니 졸다가 깨다가
깜박깜박 왕래하는 봄가을

머리 뚝, 꺾인 해바라기
길쭉한 다리통
갈바람에 나날이 수척해지는데
어머니 참꽃처럼 웃으시며 그리는
파릇한 봄 동산

은자동아 금자동아
여섯 남매
첩첩 산비탈 무릎걸음으로 오르내려
먹이고 울고 입히고 웃던

―야야, 앞 논 논두렁에는 쑥이 천지삐까리긋다

자장자장 어머니
나란히 누웠다
한 오십 년 건너 그 길 휘이 다녀오시도록

세월을 방석처럼 깔고 앉아

흐린 날이면 의성읍 내를 관통하는 기적이
앞산 참나무숲을 밀며 마을을 깨우고
아침 먹고 한참 지났건만
아직도 오전일 때

그녀들은 마을회관 간다
둥그런 허리에 두 손 올리고 땅만 보고 간다
휴우 숨비소리에 온몸으로 돌아보며
점란아, 귀옥아!

어제 듣고 나눈 얘기 처음인 듯 풀어낸다
한 동네 나고 자란 팔십 년 세월 방석처럼 깔고 앉아서
또 웃다가 잔다
자다가 깬다
박카스 D 뚜껑 돌려 닫으며 하품처럼 하는 말
니 내 두고 먼저 가면 안 된대이

기적을 따라오던 가을 빗줄기 경중경중 달려오는데

귀옥

152cm 그녀의 키는 초등 졸업과 동시에 자라지 않았다
말하건대 초년의 지독한 가사 노동 탓이라 했다

그녀의 등에는 푸릇한 강물 냄새가 났다
자장자장 눈꺼풀을 건너
아몰아몰 멀어지곤 하던

—영아, 홍시 줄까?

다홍 속살 떠서 내게 주고
뭉개어진 껍질을 먹으며 함박웃음 짓던

그녀의 기쁨은 주로 셋째 오빠였지만 가끔
내가 차지하기도 했는데
언니가 말아준 아카시아
줄기 파마가 예쁘게 나왔을 때라던가

―영아, 바쁘지? 언니가 열무김치 담아뒀는데

측백나무 사이 손 흔들고 섰는 모습 저만치 두고
휙 좌회전 신호에 밀려오면
지워지지 않는 그 모습 울컥
맘에 어리어지고

밥과 무덤

그곳에서 겨울은 처음인 당신
노릇노릇한 잔디 덮고
고봉밥처럼 누우셨네요

마른 풀포기는 바람에 대체로 민감한데요
씨앗 내린 빈 대궁 허리 꺾고
당신께 올리는 큰절
그림처럼 바라보네요

―밥심이다 마이 무그라

밥이 생각을 낳고 밥이 아이를 기르고
밥이 밥을 짓고
당신은 어느새 걸어서 별나라에 닿고
그저 바라보던
우리 또 이렇게

겨울 산허리 봉긋한
당신 곁에서
칭얼칭얼
젖무덤 아기예요

질베르 호펠스

이 땅의 반대쪽 룩셈부르크 피차가 낯선 곳 낯선 사람이었다

전쟁은 쉬이 끝날 기미가 없었고
자유를 잃은 슬픔을 알기에
44일 동안 22,407km의 먼 항해 끝에
불범벅 피범벅
잿더미가 된 이 땅에 닿았다

자유는 그저 주어진 것이 아니라 싸워서 쟁취하는 것이라 했던가
30만 발 넘는 포격이 고지의 모습도 바꾸어버렸다는 곳
백마고지에서 생사를 넘나들었다

푸른 눈의 그는 검은 눈의 노래
아리랑의 곡조가 좋았노라 했다

가슴으로 부르고 가슴으로 듣던 곡
질베르 호펠스 그의 유언은
장례미사에 그 아리랑을 연주해달라고

용사의 푸른 그 꿈처럼
이 땅에 잠잠한 평화와 지지 않을
자유민주의 꽃이여!

* 2025년 서울시 '감사의 정원' 헌시 당선작

흙 마당 곱게 쓸어 나뭇가지로 그린 그림처럼

그러기엔 참 어중간한 나이였다
그걸 그도 알았던 거지

떼 지어 벙그는 봄꽃을 핑계 삼아
막힌 수로에 물이 들 듯
묵힌 안부 주고받던 중이었어
—아, 시발 폐섬유화증이라는데 완치가 없다카네

한 덩굴에 맺은
구황작물 같은 남매들
그를 위해 할 수 있는 게 없다는 게
서글펐어
잠시라도 함께하자고 있을 때 그러자고
설악으로 서해로
흙 마당 곱게 쓸어
나뭇가지로 그림 그리며 놀던 시절처럼

―환장하겠어, 기침 때문에 시발
경대병원 6동 605호 출입문 쪽에 비스듬히 앉아
오가는 면회객이며 의사 간호사 식사차
심심하지 않아 좋다 했다
―오빠 윗도리라도 병원 가운으로 갈아입어요
―아, 이게 편해
체크무늬 쫄티가 좋다 했다
간호사도 굳이 만류하지 않았으므로

휠체어를 타고라도 오는 봄에 닿고 싶다던
그 속에서 첫아이 혼례식 보고 싶다고
썰물 타듯 꽃들이 터지고 봄비 오는데
가만히 있어도 절로 오는데

오지 못할 그는 사방 천지에 있고

압축

유월 이십구일
초록은 장맛비에 기꺼이 갇히고
구룡포 언덕길 비스듬히 돌아 당도한 산속
직사각 콘크리트 앞
그녀 운구의 마지막 거동은 속절없이
속절없고

간간이 무료한 두 시간 십오 분

우산을 들고 처벅처벅 콘크리트 입구까지 다녀오거나
허공의 가장자리를 깁는 칡넝쿨을 바라보거나
—작은고모 커피라도 좀 마셔요
종이컵을 타닥 꺾어 들거나
대기실 벽에 걸린 둥근 시계를 힐끔 바라보는

다시 나란히 서서 너를 기다리는
삼촌 고모 동생들 앞으로

하얀 뼈 스르르 롤러를 타고 나왔다
두 시간 십오 분은 사십오 년 생을
간략하게 압축하여
여기까지라고
버젓이 남은 열기
부어오른 눈두덩이에 얹히고

흰눈물

수목장 소나무가 울기 시작했다
젊은 그녀를 삭혀내기가 버거웠을까

어둠을 덜어낸 하얀 촛농처럼
몸통을 흘러내려 발등 언저리에 고인
송진 향이 묵은 바람에 올라탔다

비로소 여기와 거기가 가깝다

사!랑해
살아 있는 나뭇가지에 걸려있는 죽은 목판에 새겨진
'사랑해'에
느낌표로 흘린 송진
흰눈물

슬과 픔이 출몰할 때

세수를 하다가 힐끔 거울을 보다가
푸우우푸우
의도치 않은 소리 사이에
바람처럼 스치는 볼 수 없는 얼굴,

얼굴 가득 물이 묻어 저절로 눈 감았다가
마중물인 듯
내 안의 깊은 물 길어내어
흑흑흑 칠흑으로 흐느낄 때

둘레는 버짐처럼 하얗게 소리가 말라가고 있었다

다시는 마주할 수 없다고, 그렇다고
꼭꼭 새겨주는 불복의
슬.픔

□해설

범람한 저 독백의 속살에 내 귀가 들어가
―신상조(문학평론가)

□해설

범람한 저 독백의 속살에 내 귀가 들어가
―신상조(문학평론가)

1 머뭇거리거나 띄엄띄엄 말하거나

   시집 같은 일기를 읽는다. 글쓴이는 강변에 자리한 집으로부터 걸어서 약 십 분쯤 거리에 있는 마을의 우체국을 다녀오는 길이다. 날씨가 흐리더니 그가 우체국 문을 나서는데 몇몇 눈송이들이 허공을 가른다. "눈송이들은 우체국 앞의 담뱃집 유리창으로 하나, 그리고 그 옆 잡화점 지붕으로 하나, 잡화점 옆의 감나무 가지 위로 서너 개, 이런 식이다."라고 일기에는 적혀 있다. 이어지는 글은 다음과 같다. 소리 없이 내리는 눈과 달리 "비가 올 때는 그것이 달려오는 소리부터 날카로워 지상의 존재들은 긴장한다. (…) 눈은 소리를 하늘의 심처深處에 묻으며 오고, 몸을 새처럼 가볍게 지상에 내려놓는다."

사람의 언어도 눈과 비에 기대 표현할 수 있다면, 김기연의 시어는 날카롭게 긴장을 불러일으키는 비보다는 머뭇거리며 내리거나 띄엄띄엄 내리기 시작하는 성근 눈발을 닮았다. 눈과 비에 대한 사유를 기록한 일기는 시간을 뛰어넘어, 한 낯선 시인의 시어에 무람없이 섞인다.

『푸른발부비새』는 김기연의 네 번째 시집이다. 시인은 1993년 등단 후, 첫 번째 시집 『노을은 그리움으로 핀다』를 2001년에 펴냈다. 만인사에서 『소리에 젖다』를 2006년에, 삭가세계에서 세 번째 시집 『기차는 올까』를 낸 게 2014년이니 햇수로 10년이 넘어 네 번째 시집을 내는 셈이다. 과작에 속하는 시인의 시작詩作 세계를 단순화하자면 시집 제목에 사용된 '젖다'와 '피다'라는 서술어, 그리고 '그리움'과 '기다림'이라는 명사로 요약할 수 있다. '기다림'은 세 번째 시집의 제목 '기차는 올까'란 질문에서 유추한 단어다. 주지하다시피 '그리움'과 '기다림'은 다른 말이 아니다. 젖는다는 감각이 그리움이란 정서와 결부된다면, 핀다는 행위는 기다림이라는 자세와 연결된다. 다만 시인은 그리움과 기다림의 시학을 젖은 감각 속에 숨겨왔다. 젖음은 표면 위로 올라오지 않고 내부로 스미는 감각이지 않은가. 젖음은 입체적 표면의 혼란을 멀리하며 시인의 내면으로 숨어들어 그림자와도 같은 흔적만을 드러낸다. 『푸른발부비새』는 그 젖음의 감각마저 통어하고 지운 형태를 지향한다.

그런즉 『푸른발부비새』에서 시인은 단순화의 시학을 더 작정한 듯싶다. "말은 말이 반이고 침묵이 반이다."라는 누군가의 말처럼, 김기연의 시는 하다 만 말 같고 화자의 나직한 목소리는 속삭임처럼 들린다. 순수하게 정제된 시어만을 사용한다기에는 태생적인 '말 없음'과 '말 줄임'이다. 비약을 차단하며 간신히 몸 밖으로 밀려나온 시어들. 그 말 없음과 말 줄임 사이에 난 길은 소위 여백이다.

성글게 내리다 어느샌가 땅의 표면을 하얗게 덮어버리는 눈처럼, 김기연의 시는 지표의 혼란스러움을 지운 단순함의 여백으로 우리 앞에 놓인다. 가령 시인은 「날지 않기로 맘먹고」에서 산불이 지나간 산에서 알을 품은 꿩이 조무래기들의 막대기가 위협하는데도 날아가지 않는 어느 날의 기억을 재생한다. 시는 사건적 요소인 '산불과 알을 품은 꿩', 사물적 요소인 '꿩과 조무래기들'로 구성된 서사가 전달하는 '무엇'이 무엇인지를 끝내 들려주지 않은 채 "꿩도 알도 먹을 수 없던 그런 날이었다"라는 진술만으로 끝맺는다. 목숨을 담보한 꿩의 모성애가 전달하고 싶은 '무엇'에 해당할 터이지만, '무엇'이 무엇인가에 대한 판단은 오롯이 독자의 몫으로 남겨진다.

2. 뒷말 뭉텅 날려버리고도 피차 통하는

내밀한 서사의 누설을 망설이는 행간의 여백, 그리고 시의 후반부 전체를 통째로 생략하는 방식은 『푸른발부비새』에서 자주 반복되는 어법이다. 창자를 밀어내듯 어렵게 뱉어내는 말들, 이미지나 인식 일부만 분질해서 드러내는 간략함은 말하지 않아도 통한다는 '이심전심'의 세계관을 반영한다.

> 전주명가콩나물국밥집의 주문은 간단명료하다
> —콩 하나!
> 뒷말 뭉텅 날려버리고도 피차 통하는
> 뜨거운 국밥
>
> 날달걀 타닥 깨어서 넣고
> 반동강 난 껍데기에
> 날개 몽땅한 파리 한 마리 바짝 당겨 앉는다

왼손 손바람으로 허그적 날리는데

요것 봐라

금세 다시 날아와 한사코 겸상한다

나는 뚝배기에 고개 들이밀고

저는 달걀껍데기에 전심전력 파고들고

식후 돌아갈 처소야 다르겠지만

숨 멎고 쉬는 일이사 뭐

동족이지 않겠는가?

—「겸상」 전문

  전주명가콩나물국밥집 주메뉴는 '콩나물국밥'이다. 간단명료한 "―콩 하나!"는 "콩나물국밥 1인분 주세요"라는 주문임을 손님도 알고 주인도 안다. 주목할 점은 이어지는 "뜨거운 국밥"의 중의성이다.

  "뒷말 뭉텅 날려버리고도 피차 통하는"게 말이 가진 지시적 의미뿐이라면 상에 놓이는 음식이 '뜨거운 국밥'임을 애서 강조할 필요는 없다. 독자나 시인 모두가 아는 뻔한 사실을 위해 안 그래도 짧은 시에 굳이 한 줄을 할애한 건 아니다. 요컨대 명확하거나 수다스러운 말의 지시적 기능을 생략함으로써 오히려 손님과 주인 사이에 '뜨거운' 정서적 공감대가 형성됨을 시인은 놓치지 않는다. 그러니 1연의 마지막 행에서 국밥이 뜨겁다는 '사실'만을 읽는다면, 김기연 시의 감성적 구축을 자칫, 모르는 채로 지나치게 된다. 그의 시를 오롯이 읽으려면 언어의 진행을 세심히 더듬어나가며 정서적 온도를 느낄 필요가 있다.

    김기연 시인에게 정서적 온도는 현실이라는 감각을 통해 체험되는 리얼리티를 의미하고, 삶의 진실이란 그러한 리얼리티로부터 발명되는 또 다른 현실이다. 시인은 "뚝배기에 고개 들이밀고" 열심히 국밥을 먹는 자신과, "달걀껍데기에 전심전력 파고"드는 파리가 "숨 멎고 쉬는 일"에서 나란한 "동족"임을 인식한다. 김기연의 시는 많은 경우, 현실에서 인지된 대상을 서술함으로써 그 대상으로부터 비롯된 새로운 인식을 꺼내는 과정을 거친다. 시에서 주목할 인식은 이 땅에 생존하는 모든 존재에 불어넣어진 '숨'과 그 숨이 멎고 쉼에 따른 '일'이다. 사람인 '나'와 해충인 '저'를 이분법적으로 구분하는 이성이 힘을 행사하지 않는 내면세계의 전개다. 화자와 파리의 "겸상"은 김기연 시의 따뜻한 내면을 극적으로 보여 준다.

빈 소파에 앉았다

딸 동미가 곁에 와 앉는다

동미 딸 채윤 따박따박 둘 사이에 들앉는다

쌀알만 한 아랫니 두 개 뾰조족 내밀며 웃는다

문득,

삼라만상이 만개하네

—「만개滿開」 전문

'빈 소파에 화자가 앉는다'는 시의 첫 행은, '화자 옆에 딸인 동미가 와서 앉는다'로 시작하는 것에 비해 의미심장하다. 이는 김기연의 시가 사람과 소파를 수평의 층위에 놓는다는 의미이고, 소파를 대하는 시인의 태도가 사람을 대하는 태도와 거의 같음은 사실 놀라운 일이다. 소파에 앉은 화자 옆에 딸인 동미가 와서 앉고, 그 옆에 동미의 딸 채윤이 와서 앉는 이 무언의 '함께 함'은

핏줄의 끈끈한 정을 넘어 시적 연대의 실현으로 와닿는다. 세 사람의 육체를 형성하는 뼈와 살과 피, 혼인과 출생으로 이어지는 법적 관계가 물리적 층위라면, 서로를 대상으로 실현되는 존재 방식은 삶의 안팎을 아우르는 정서적 층위에 해당한다. 물리적 층위는 삶의 필연적 결과이나 정서적 층위까지 당연하다고 할 수는 없다. 때로 가족에 대한 우리의 감정이 끝끝내 화해하지 못한 견고하고 어두운 풍경을 보여 준대도 그건 놀라운 일이 아니기 때문이다. 그러므로 "동미 딸 채윤"이 "쌀알만한 아랫니 두 개 뾰조족 내밀며 웃는" 모습은 한시저인 시공간 안에서 내밀한 삶의 흔적이 순간적으로 드러나는 김기연 시의 진경이라 할 수 있다.

3. 한 우주를 함께 돌아보는

봄날 오후 깜박 쉬어가는
나비의 잠이라 하자
이 하룻밤

(중략)

주섬주섬 어둠 들쳐 안고

휘적휘적 돌아가는

지상의 물고기여

어두운 해여

―「바다 문지방에서」 부분

「바다 문지방에서」에서는 내면의 심미적 풍경이 꿈꾸듯 아름다운 김기연 시의 서정을 잘 보여 주는 작품이다. 그의 시에서 풍경(장소)은 인식·압축·발견된다. 메를로 퐁티에 따르면 물리적 환경은 일련의 변증법을 거쳐 내부인으로서의 '장소 경험'을 불러온다. 예컨대 "나비의 잠"은 환몽幻夢처럼 짧고 덧없는 삶을 상징한다. "하룻밤" 꿈에 불과한 생을 끝마치고 "휘적휘적 돌아가는" 존재를 시인은 "지상의 물고기"와 "어두운 해"라 칭한다. 물고기는 지상에 살 수 없고 어두운 해는 더 이상 해가 아니다. 선명한 윤곽들이 서서히 희미해지며 해가 '문지방인 바다'를 넘어가고 있다. 역설의 삶이 저무는 일몰의 풍경이다.

김기연의 시는 시적 대상이 놓인 하나의 국면이 내면적 심상을 거느린 서경적 구조 자체로 드러나거나, 그

서경적 구조를 개성적으로 변주하고자 시인의 상상력이 가미된 형태로 표현된다. 앞서 「만개滿開」에서 채윤의 '쌀알만 한 아랫니'가 전자에 해당한다면, 「바다 문지방에서」의 '일몰'이나 이번에 읽을 시에서의 '몸짓'은 후자에 속한다. 특히 「푸른발부비새」에서 형상화된 새들의 구애는 시인의 심미안이 포착한 '서경'이자 그의 미적 인식이 발명한 '사랑'이다.

저 구애는 죽을 때까지란 말 주춤주춤 춤으로 쓰는 중이랍니다

밝은 푸른색 물갈퀴 발에서 춤이 나와요
어깨를 들썩이며,
들썩이며, 느린 고갯짓으로 다짐을 하죠

―너에게 나를 보내려 해

태평양 연안 바닷바람은 찰진 박수를 쉼 없이 보내고요
너풀너풀 날개를 편다는 건
맘도 펴고 몸도 편다는 것
서로의 뒤태를 따라 둥글게 돌아요
한 우주를 함께 돌아보는 걸 거예요

—내가 너를 용납할게

자갈밭을 뒤지고 뒤져 지푸라기 한 올 입에 물고 마주 섭니다
정중한 예물이에요

저 한 쌍
비로소 고고의 관습대로 자유로운 구속에 드네요
죽음이란 별고로 별거할 때까지

—「푸른발부비새」 전문

푸른발부비새는 이름 그대로 밝은 파란색 물갈퀴가 특징인 바닷새다. 이 새는 멕시코에서 페루에 이르는 남아메리카 태평양 연안에 분포하고, 암석 연안이나 절벽 위 맨땅에 둥지를 튼다고 한다. 그렇지만 새를 설명하는 백과사전 어디에도 "저 구애는 죽을 때까지"라는 구절을 뒷받침할 만한 정보는 눈에 띄지 않는다. 구애를 죽을 때까지 한다는 건지, 죽을 때까지 사랑하겠다는 약속을 빌미로 구애한다는 건지 불명확한 이 구절은, 마지막 연에서 "죽음이란 별고로 별거할 때까지"라

는 진술로 미루어 '죽음이 우리를 갈라놓을 때까지'에 해당하는 서약임을 알 수 있다.

"밝은 푸른색 물갈퀴 발에서 춤이 나"온다는 문장은 가시적 이미지에 시인의 주관적 심상이 겹쳐서 제시된 표현이다. 푸른발부비새 한 쌍이 추는 '구애의 춤'에 걸맞게 이 시는 말놀이의 요소와 의태적 심상으로 인한 율격이 두드러진다. "주춤주춤 춤", "어깨를 들썩이며, 들썩이며", "별고로 별거"한다 등의 언어유희가 연쇄에서 비롯되는 운율을 불러온다면, "너풀너풀" 날개를 펴고 "서로의 뒤태를 따라 둥글게 돌"아가는 시각적 심상은 "찰진 박수"의 청각적 심상이 불러일으키는 생기발랄함 속에서 리드미컬하면서도 우아하게 움직이는 새들의 몸짓을 서경적으로 묘사한다.

이 작품은 푸른발부비새 한 쌍의 구애에 빗대 사랑의 발생과정과 혼례의 예식까지를 면밀하게 추적하고 있다. 시인은 결혼이라는 "고고의 관습"이 "죽음"이 서로를 갈라놓기 전까지는 이별을 허락하지 않는 굳고 신성한 의식임을 밝히려 노력한다. 신뢰가 넘치는 사랑과 그 사랑에 대한 보증은, 우선 에로스적 낭만과 무관한 "용납"을 필요로 한다. "자유로운 구속"이라는 역설은 또 어떠한가? 김기연의 시에서 구속과 자유는 서로 대립하지 않는다. 사랑은 상대를 있는 모습 그대로 용납하는 동시에, 자발적으로 그에게 구속되고자 하는 능동적 무능력이다. 조르조 아감벤의 말을 빌리자면 "인간은 자기 자신에게 무능해질 수 있는 존재"인 것이다. 핵심은 무언가를 할 수 있는 능력뿐 아니라, 하지 않을 수 있는 능력이다. 결혼제도로 상징되는 사랑에 관한 이러한 전제는 시인이 시적 영감의 방문을 받는 순간에도 보편적 도덕성을 중심에 놓는다는 인상을 부추긴다. 이 도덕성은 합리적 언어로 포착한 사회 규범적 체계로서의 도덕적 의식이나 동정심과는 다른, 보다 근원적이고 순정한 연민으로의 포용이다.

> 엄마는 없고
> 엄마 품은 없고
> 종일토록 그립고
>
> 꺼칠한 시멘트 바닥에 몽땅 분필로
> 큼지막이 엄마 그리네
> 기억의 미소까지 그리네
>
> 터진 신발 벗어두고

그림 엄마의 품에 드네

땅은 엄마라 했던가
쪼그려 귀 대고 있는
단발머리 루시

눈 감고 가만 그 심장 소리 떠올리고 있네

—「루시」 전문

루시는 난민이다. 그렇다면 이 시는 난민을 소재로 삼음으로써 사회적 모순을 드러내는 동시대성의 구현에 목적을 두는 걸까? 하지만 매스컴과 미디어에서 반복하는 난민에 대한 묘사치고, 루시는 카메라 앞에 선 전형적 희생자의 모습과 거리가 멀다. 시인은 전쟁과 학살을 경험한 거대 서사 속의 루시가 아니라, 고아가 된 한 아이의 내면을 조명함으로써 미시 서사로서의 현실을 발굴하는 것처럼 보인다.

그런데 엄마를 잃은 아이의 이름이 하필 루시임은 주목을 요한다. 이 이름은 '최초의 인류'라고 불리며 인류학의 패러다임을 바꾼 고인류 화석의 아이콘을 떠올리게 만든다. 엄마 품이 그리워 시멘트 바닥에 몽땅 분필로 큼지막이 그림을 그린 후, 쪼그려 땅에 귀 대고 심장 소리를 듣는다는 단발머리 루시. 어쩌면 이 외로운 고아 소녀는 인류 미래의 아이콘이다. 아이를 품어줄 세계의 심장은 죽어버렸다. "엄마는 없고/ 엄마 품은 없고"라는 점층은 '없음'을 강조한다. 난민 아이에 대한 연민 가득한 서정은 심장을 잃어버린 객관적 사회 모순에 대한 일단의 저항이다.

 밥상을 앞에 놓은 사람과 파리의 공존(「겸상」), 사람과 사물 간, 사람과 사람 간에 존재하는 이해와 사랑(「만개滿開」), 신랑과 신부가 약속하는 믿음과 헌신(「푸른발부비새」), 난민 소녀 루시가 요청하는 생존권의 문제는 문학의 사회적 책임이라는 명제를 호명한다. 폐쇄적 이기주의가 표방하는 고립과 단절, 배제와 차별이 공식화된 인류의 실존방식 전반에 대한 반성적 성찰은 김기연 시의 의미 축을 구성한다. 시인의 시에서 서정은 기술세, 인류세, 자본세로 명명되는 인류의 위기를 극복하고 전지구적 유대와 연대를 도모할 기제로 작용한다.

4. 영아, 밥 무그러 온나!

『푸른발부비새』에서 시인은 창조 행위의 가능성을 주로 시의 형식에서 찾는다. 이를테면 「노을이 낳은 어둠」에서 조사를 활용한 행간 이월은 시의 행을 자꾸만 해체함으로써 의미의 지연과 시어의 잠재력을 극대화한다.

앉지도 못하고 서성대는
가을바람
에 흔들리는 추녀 끝
거미줄
에 걸리는 끝물
노을
이 낳은
어둠
은 그대 빈 내 마음에 만수위로 고였다가

후둑 후두둑,
속절없이 내린 낙엽이 쓸고 다니는
저 적멸

　　　　　　─「노을이 낳은 어둠」 전문

3행과 5행의 처격조사 '—에', 그리고 7행과 9행의 주격조사 '—이'와 보조사 '—은'을 행간 이월하지 않은 채 읽어보자. 시의 1연은 '앉지도 못하고 서성대는 가을바람에 흔들리는 추녀 끝 거미줄에 걸리는 끝물 노을이 낳은 어둠은'이라는 황당하도록 긴 수식으로 이루어진 주어 '어둠'이, "그대 빈 내 마음에 만수위로 고였다"는 서술절을 거느린 하나의 문장임을 알 수 있다. 조사의 반복적 이월은 시행의 형태를 가로로 길게 만든다. 이와 같은 가시적 형태는 "속절없이" 떨어진 낙엽과 "적멸"이 환기하는 하강 이미지와 부합하면서, 시행 그 자체가 내면 의식의 도구이기도 함을 드러낸다.

꽃
　나비
　　꽃
　　나비
　　　꽃
　　　나비

—「낙화」부분

나비 어지러이 날고 "왕벚나무 연분홍" 꽃잎 난분분 난분분 흩날린다. 시행의 배치에 따른 시각적 효과다. "행은 시가 스스로를 하나의 존재이게 하는 장치"라고 말한 이는 메리 올리버다. 한편, 조사가 행간 이월에만 유효한 건 아니어서, '역시'나 '또한'이라는 뜻을 부여하는 보조사 '―도'는 「섬」에서 아예 '도島('나 도島')'로 존재적 변신을 꾀하기도 한다.

조사 다음으로 문장부호의 사용도 흥미롭다. 「너에게 가는 길」에서 "비, 나이다"는 이어지는 "장맛비"라는 단어가 시의 한 연을 차지한 무게만큼이나 반섬의 역할이 크다. '비' 뒤에 찍힌 반점은 '비Rain'를 강조하면서도 화자가 정성을 다한 기도, 치성을 넘어 비손에 가까운 행위를 하고 있다는 정서적 울림을 준다. 「슬과 픔이 출몰할 때」는 아예 슬픔이라는 단어를 접속조사 '―과'와 주격조사 '―이'로 나눠놓거나, 온점을 방점이나 감탄사처럼 사용해서 "슬.픔"이라며 부호가 화자의 격한 감정을 대신하기도 한다.

산비둘기 울음소리를 흉내 낸 부사어 "극극극구극구"(「둥근 배에 등을 대면」), 흔히 속된 말로 '씹다'라고 표현하는 험담을 미역귀 '씹는' 소리에 빗댄 "오도독오도독오도독", 소문이 빠르고 싱싱하게 번져 가는 모양을 미역의 미끌미끌한 감촉으로 나타내는 "미끄덩미끄덩미끄덩"(「미역귀」)은 사물과의 접촉에서 오는 느낌이 우리의 감정에 구체적으로 호소하는 시적 자산임을 알게 한다.

"달그락달그락", "포롱 포로롱"(「민들레밥」), "주섬주섬", "휘적휘적"(「바다 문지방에서」), "벌렁벌름벌름"(「벌름거린다」), "꾸르릉꾸르릉"(「불면不眠」)……. 김기연의 시는 음성 상징어가 사용되지 않은 시를 찾는 편이 오히려 어려울 정도로 소리 자체가 의미를 나타내는 말들 천지다. 추상적 어휘인 슬픔조차 "흑흑흑 칠흑으로 흐느"(「슬과 픔이 출몰할 때」)끼는 색과 소리로 구체화할 정도다. 말소리와 의미가 밀접하게 연결된 음성 상징어는 감정이나 상황을 섬세하게 표현하는 김기연 시의 특징을 드러내기에 족하다. 이와 같은 생생한 재현 중에서도 『푸른발부비새』에서 두드러지는 것은 입말의 잦은 출현이다.

경북 의성군 안평면 신월리 700
적막의 슬하에 들었다

앞산 참나무숲에서 떠올라
뒷산 소나무숲으로 지는 달은
오가는 길 묵지 않아 여태

신월인데

발길 뜸한 이가 우체부만은 아니다

도란도란 자란 강아지풀 꼬리에
잠자리 날갯잠 들고
축대가 흘러내린 뒤란
발잔등 야윈 고욤나무 가지마다
오목눈이 새 떼의 흰 똥이 핀다

사슴이 사슴을 부르며 우는 녹명처럼
700번지 흙담 너머
―영아 밥 무그러 온나!
건너실 대숲까지 닿던 그 소리는 간데없고

지나간 태풍에 조금 더 여윈 지붕은
그만큼 넓어진 허공을 안고 있다

―「슬하」 전문

"경북 의성군 안평면 신월리 700" 번지가 "적막의 슬하에 들었다"라는 1연은 그곳에 사시던 화자의 부모님이 돌아가셨음을 의미한다. 고욤나무, 오목눈이 새 떼의 흰 똥으로 제시되는 자연이 그대로인 데 반해, 뜸해진 '우체부'의 발길처럼 사람의 자취는 사라졌거나 사라지는 중이다. 세월의 무상함이 짙게 밴 정서를 배경으로 "─영아 밥 무그러 온나!"라는 입말이 주는 리얼리티가 정감 그 자체의 진실성으로 다가온다. '녹명'은 귀한 손님이 찾아왔을 때 그들을 환대하며 베푸는 잔치의 장면을 사슴의 우는 소리에 빗대어 노래한 시에서 유래했다. 그 따뜻하고 환한 정서가 '무그러 온나'라는 방언에 실려 한없이 절실해진다.

 문학에서 입말은 사실성을 높이는 장치다. 김기연 시의 입말은 시 전체에서 한 행이나 많아야 두 행 정도를 차지함으로써 언어의 이질성으로 인한 충돌로 주제를 강조하기에 부족함이 없다. 개중에서도 특정 지역의 정체성을 표현하는 방언으로서의 입말은 감정을 직설적으로 전달하는 기능을 가지는 동시에 말하는 이를 심정적으로 편들고 공감하기 위한 장치다. 부모란 "아래위 뭉텅 잘린" 은행나무가 "하루에 수십 번 수백 번 칼 맞으며" 사는 도마로 살다가 "초록 잎"(「도마라는 나무가 있다」) 같은 자식을 세상에 자랑하는 존재다. "─야야, 오늘은 인제 못 갈제?"(「노을증후군」)라거나, "─야야, 앞 논 논두렁에는 쑥이 천지삐까리굿다"(「봄가을」)는, 그 입말의 주인을 상실한 화자의 아픔과 그리움을 한 줄 방언으로 압축한다.

　이러한 김기연 시의 입말을 새로 구분하자면 방언 사용자의 입말과 표준어 사용자의 입말로 나뉜다. 방언을 구사하는 입말은 미성숙한 자아를 가진 화자의 어린 시절에 닿아있다. "─영아 밥 무그러 온나!"란 목소리를 회상하는 화자는 과거의 정서 속에 머문다. 반면 표준말을 구사하는 입말은 화자가 성숙한 사람이라는 느낌을 준다. "그만 버려요 엄마!"(「100호 아네모네」)라는 속엣말은 방언을 구사하는 입말과의 괴리를 드러내면서 성숙한 화자의 모습을 보여 주는 것이다. 김기연 시의 시간은 입말을 통해 시간을 역행하거나 현재로 순행하며 양방향으로 흐른다.

　시적 대상이나 상황에 대한 제한적 서술, 조사를 활용한 행간 이월과 반점 기호의 사용, 한 단어가 한 행을 차지하는 언어의 무게, 방언과 표준어로 구분되는 입말의 사용 등, 시인의 속내를 짐작하도록 유도하는 숱한 내재적 휴지부를 통해 우리는 그의 시에 스며든다. 이것은 시인의 시가 우리에게 스며든다는 말보다 어쩐지

능동적이다. 화자 쪽으로 한껏 몸을 기울인 자세로 들으려 애쓰는 청자처럼, 까치발 들고 창문으로 고개를 내밀어 바깥에 시선을 던지는 사람처럼, 우리는 시인의 시에 적극적으로 반응하게 된다. 언제나 진행되는 과정에 놓여 있는 그의 시에 우리의 마음을 하염없이 얹어 보는 것이다.

* 「조개의 입」에서 제목을 가져옴.
** 오규원, 「눈 위의 발자국—무릉 日記(8)」

푸른발부비새
김기연 시집

발행일
초판 1쇄 2025년 10월 28일

지은이	● 김기연
펴낸이	● 김종해
펴낸곳	● 문학세계사
출판등록	● 1979. 5. 16. 제21-108호
주소	● 서울시 마포구 신수로 59-1(04087)
대표전화	● 02-702-1800
팩스	● 02-702-0084
이메일	● munse_books@naver.com
홈페이지	● www.msp21.co.kr

ISBN 979-11-93001-52-3(03810)
ⓒ 김기연, 문학세계사